NATIONAL GEOGRAPHIC

El rey Tutankamón

EDICIÓN PATHFINDER

Por Zahi Hawass

CONTENIDO

Gran encuentro.
*El investigador Zahi
Hawass observa
al rey Tutankamón.*

2

El rey Tutankamón

La ciencia moderna se enfrenta con un antiguo misterio.

Por Zahi Hawass

Director de excavaciones en las Pirámides de Giza y
el Valle de las Momias Doradas; y
explorador residente de National Geographic.

Fechas clave en el misterio de una momia

3327 años atrás
El rey Tutankamón muere repentinamente y es enterrado.

83 años atrás
El inglés Howard Carter encuentra la tumba de Tutankamón.

37 años atrás
Radiografías de la cabeza de Tutankamón desencadenan hipótesis de homicidio.

Presente
Herramientas médicas modernas permiten a los expertos estudiar la momia del rey Tutankamón.

EGIPTO
ÁFRICA

El Cairo
Río Nilo
EGIPTO
El Valle de los Reyes

Sentí que el corazón se me salía del pecho. Así de nervioso estaba. Después de todo, ¡mi equipo de investigadores estaba sacando de su tumba a la **momia** más famosa del mundo!

Si algo salía mal, estaría en serios problemas. Incluso podría significar el fin de mi carrera como arqueólogo. Un **arqueólogo** es un científico que estudia el pasado observando lo que las personas han dejado atrás. Frecuentemente me dedico a observar qué elementos entierran las personas con sus muertos. Esos elementos nos dan pistas sobre cómo era la vida en el antiguo Egipto.

Rostro famoso. *ARRIBA: esta máscara mundialmente famosa muestra al rey Tutankamón con su vestimenta real. Fue colocada sobre el rostro del rey antes de cerrar su ataúd.*

¿Quién era el rey Tutankamón?

La tumba que me puso tan nervioso pertenece a un **faraón**, o rey, egipcio. Su nombre era Tutankamón. Puede que lo conozcas como el rey Tutankamón.

Tutankamón nació hace aproximadamente 3346 años. No sabemos exactamente quiénes fueron sus padres. A los ocho o nueve años, Tutankamón se convirtió en rey. El joven faraón gobernaba a unos dos millones de personas. Sin embargo, es probable que la mayoría de las decisiones las tomaran funcionarios adultos.

Al cabo de cerca de nueve años en el trono, Tutankamón murió repentinamente. Fue sepultado en una tumba repleta de tesoros. Está ubicada en el Valle de los Reyes. El lugar está cerca del centro del Egipto moderno. Las paredes rocosas del valle ocultan 62 tumbas antiguas. Muchas pertenecen a faraones.

Un pasado dorado

Observando la tumba de Tutankamón, hallé muchas pistas acerca del reino que gobernó. ¡No es de extrañarse que el antiguo Egipto aún hoy siga sorprendiéndonos! Fue una de las primeras grandes naciones de la historia.

Por ejemplo, la tumba fue tallada en piedra sólida. Esto nos indica que el antiguo Egipto poseía expertos constructores. Algunas paredes están cubiertas de pinturas y símbolos. Por lo tanto, deducimos que el arte y la escritura eran pilares fundamentales de la vida en Egipto.

Luego, tenemos al ataúd de Tutankamón. Estaba cubierto de oro y joyas. Solo una sociedad rica podía producir un objeto como ese.

Observando detenidamente el ataúd de Tutankamón, pensé también en algo más. El ataúd parecía pesado. Abrirlo será difícil.

Objeto de arte de la tumba de Tutankamón

5

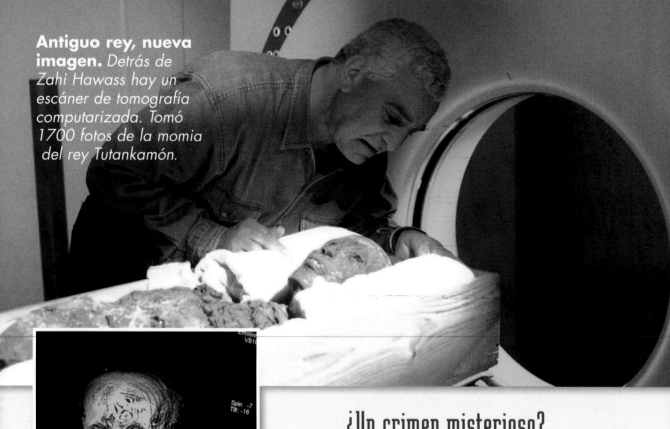

Antiguo rey, nueva imagen. *Detrás de Zahi Hawass hay un escáner de tomografía computarizada. Tomó 1700 fotos de la momia del rey Tutankamón.*

Historia de alta tecnología. *Las computadoras crearon esta imagen de la cabeza del rey Tutankamón.*

Momento sensacional

Mi equipo se valió de sogas gruesas para alzar la tapa del ataúd. Los trabajadores realizaron un gran esfuerzo. Las sogas gemían. Los minutos parecían eternos. El ataúd se abrió.

Entonces llegó el momento de conocer al rey cara a cara. Quité la funda que cubría su cabeza. Nuestros rostros quedaron a centímetros de distancia.

Al ver el joven rostro de Tutankamón y sus dientes de conejo, sonreí. Este joven rey nos ha tenido a todos intrigados durante años.

La gente tiene muchas preguntas acerca de Tutankamón. Sobre todo una. ¿Cómo murió el faraón?

¿Un crimen misterioso?

El rey Tutankamón tenía 19 años cuando murió. Incluso para su época, murió joven. La gente se ha preguntado por mucho tiempo por qué el rey murió tan joven. ¿Era demasiado débil o enfermizo como para vivir muchos años?

Hubo quienes postularon interrogantes todavía más dramáticos. En 1968, una radiografía mostró un área borrosa detrás de la cabeza de Tutankamón. ¿Se trataba de una herida? ¿Alguien había asesinado al rey?

Pensé que las herramientas médicas modernas podrían ayudarnos a resolver el misterio. Así que colocamos a Tutankamón en un **escáner de tomografía computarizada**. Este aparato muestra lo que hay dentro del cuerpo.

El escáner tomó 1700 fotos del rey Tutankamón. Mi equipo pasó dos meses estudiándolas. Observamos. Pensamos. Discutimos. Finalmente, nos pusimos de acuerdo en dos cosas importantes. En primer lugar, Tutankamón parecía gozar de buena salud. El rey tenía huesos fuertes y dientes sanos. Su cuerpo no mostraba rastros de enfermedad.

En segundo lugar, la momia tampoco mostraba señales de una muerte violenta. Un golpe en la cabeza hubiese dejado marcas evidentes. No hallamos ninguna.

Al responder viejas preguntas, el equipo terminó formulando una nueva. Descubrimos que la pierna izquierda de Tutankamón estaba fracturada justo por encima de la rodilla. ¿Cómo sucedió aquello? Esta vez no pudimos ponernos de acuerdo en una única respuesta.

Miradas fragmentadas

Algunos de nosotros creíamos que Tutankamón se había fracturado la pierna poco antes de morir. La rotura probablemente habría desgarrado la piel. Tal vez la herida se infectó con gérmenes. Eso pudo provocarle una enfermedad mortal a Tutankamón.

Otros no estaban de acuerdo. Decían que la fractura se había producido después de la muerte de Tutankamón.

Si Tutankamón no se había roto la pierna, ¿quién se la habría roto? Tal vez hubo un accidente mientras los sacerdotes preparaban el cuerpo para ser sepultado. Tal vez la rotura fuera de la década de 1920. Esa fue la primera vez que los investigadores sacaron el cuerpo de Tutankamón fuera de su ataúd. Para ello, cortaron la momia en pedazos.

Imaginando el pasado

Tal vez nunca resolvamos el misterio de la pierna de Tutankamón. Con el tiempo, más científicos estudiarán las imágenes. Los expertos elaborarán nuevas y diferentes teorías sobre cómo murió. Como suele suceder en Egipto, siempre hay mucho más para aprender.

Y el aprendizaje no se limita al rey Tutankamón. El escáner de tomografía computarizada nos permitirá analizar a muchas otras momias. Observaremos a grandes reyes y humildes trabajadores. Y esas imágenes nos permitirán conocer al antiguo Egipto de nuevas y maravillosas maneras.

¿Qué quieres saber sobre las momias de Egipto? ¿Qué herramientas puedes usar para encontrar respuestas a tus preguntas?

Vocabulario

arqueólogo: científico que estudia elementos y lugares del pasado

escáner de tomografía computarizada: herramienta médica que muestra el interior de un cuerpo

momia: cuerpo preservado mediante la desecación

faraón: soberano del antiguo Egipto

El rostro de la historia

¿Cómo se veía el rey Tutankamón? Hace poco, un equipo de investigadores y artistas intentaron averiguarlo. Comenzaron analizando tomografías computarizadas. Basándose en las imágenes, el equipo creó un modelo del cráneo de Tutankamón.

Miembros del equipo midieron el cráneo. Esto les ayudó a calcular la forma del rostro de Tutankamón. Un artista aplicó estos datos para crear el modelo que se muestra abajo.

El artista tuvo que adivinar el color de la piel de Tutankamón. La piel de los egipcios modernos varía de muy clara a bastante oscura. Por lo que el artista eligió un matiz intermedio.

Cámaras de una tumba

La tumba subterránea del rey Tutankamón tenía cuatro cámaras principales. Las cámaras estaban repletas de elementos que el faraón iba a necesitar en su vida después de la muerte. Este diagrama muestra cómo se veían las cámaras cuando fueron descubiertas por primera vez.

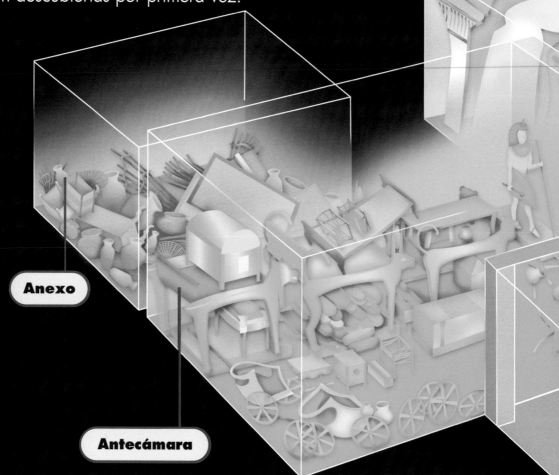

Anexo

Antecámara

Anexo: esta pequeña habitación se encuentra al lado de la antecámara. Brindaba un espacio adicional de almacenamiento para elementos como sillas, bancos, cajas y canastos.

Antecámara: esta habitación conectaba el pasadizo de entrada con la cámara funeraria. Contenía divanes, cofres, estatuas, partes de diversas carrozas, un trono y otras provisiones.

Cámara funeraria: en esta habitación se encontraba el sarcófago que contenía la momia del rey Tutankamón.

Tesorería: busca esta habitación al lado de la cámara funeraria. Contenía importantes objetos. Un arcón alto guardaba el hígado, los pulmones, el estómago y los intestinos del faraón.

Pasadizo de entrada: este corredor conducía a la antecámara.

Cámara funeraria

Tesorería

Vínculo con la lectura

Descubre más momias

Entérate de más historias sobre momias en **Momias de los faraones: explorando el Valle de los Reyes** (National Geographic, 2001) por Melvin Berger y Gilda Berger.

Pasadizo de entrada

Tesoros sepultados

Cuando los arqueólogos exploraron por primera vez la cámara funeraria del rey Tutankamón, no tenían idea de lo iban a encontrar. Tuvieron que explorar varios niveles hasta descubrir los tesoros ocultos dentro de la tumba. En el nivel más profundo, encontraron el cuerpo del rey Tutankamón. Una máscara de oro cubría su cabeza y hombros. Incluso cuando los arqueólogos quitaron la máscara, no sabían todo lo que Tutankamón tenía para decirles. En la actualidad, los arqueólogos siguen descubriendo cosas nuevas sobre el rey Tutankamón con la ayuda de escáneres de tomografía computarizada y otras herramientas.

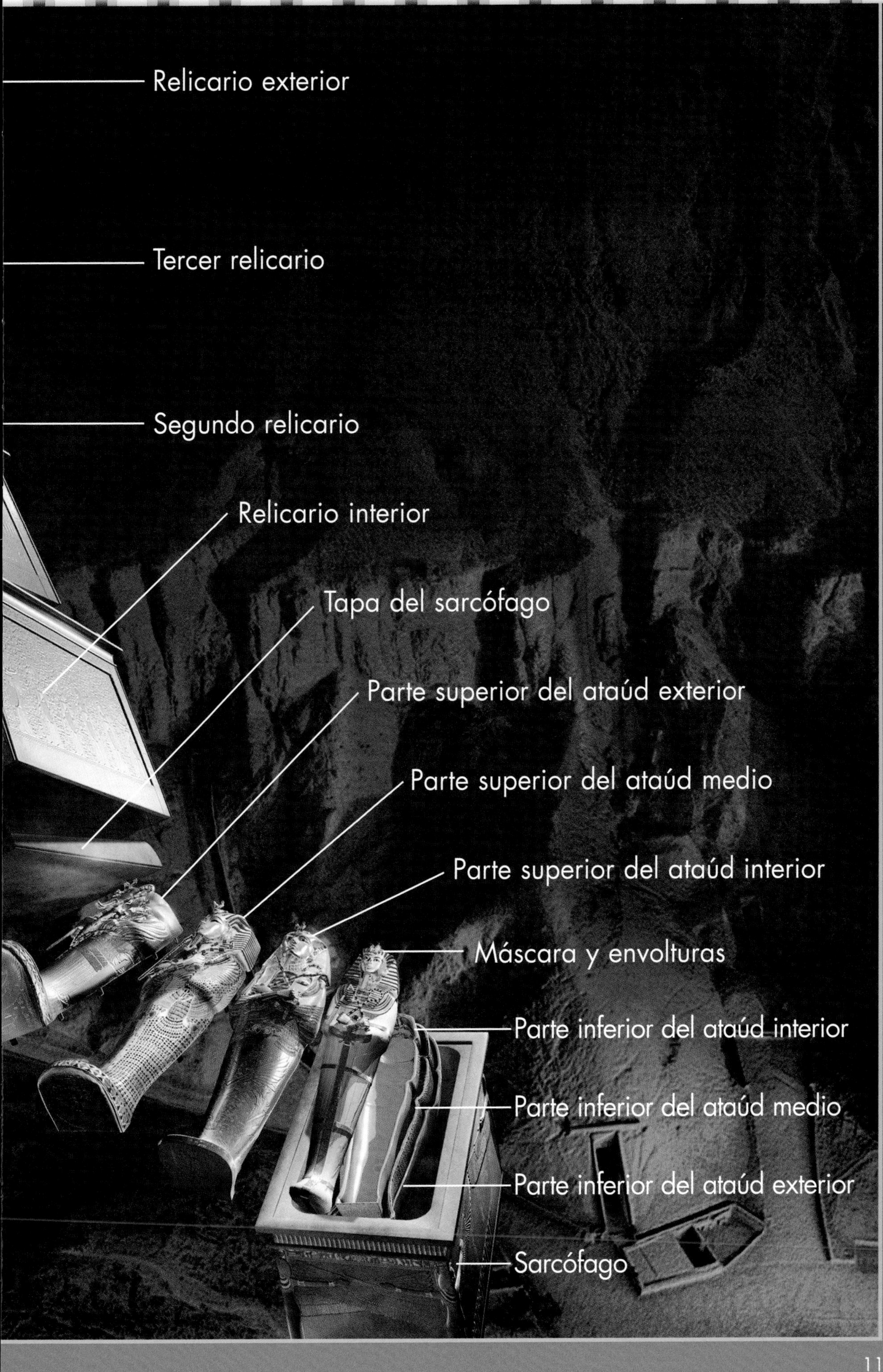

Relicario exterior

Tercer relicario

Segundo relicario

Relicario interior

Tapa del sarcófago

Parte superior del ataúd exterior

Parte superior del ataúd medio

Parte superior del ataúd interior

Máscara y envolturas

Parte inferior del ataúd interior

Parte inferior del ataúd medio

Parte inferior del ataúd exterior

Sarcófago

El rey Tutankamón

Es hora de descubrir qué aprendiste sobre el rey Tutankamón.

1 ¿Quién era el rey Tutankamón?

2 ¿Qué reveló la tumba del rey Tutankamón sobre la vida en el antiguo Egipto?

3 ¿Qué misterios intentó resolver Zahi Hawass?

4 ¿Cómo ayudó la tecnología a responder las preguntas de Hawass sobre el rey Tutankamón?

5 ¿Cómo se fracturó la pierna el rey Tutankamón? ¿Por qué es importante saberlo?